Susanne Wicke

Die freche Bastelmaus

Allerlei Sachen aus Papier

Inhalt

Was du zum Papierfalten brauchst

So geht's:

Hut

aus rechteckigem Tonpapier

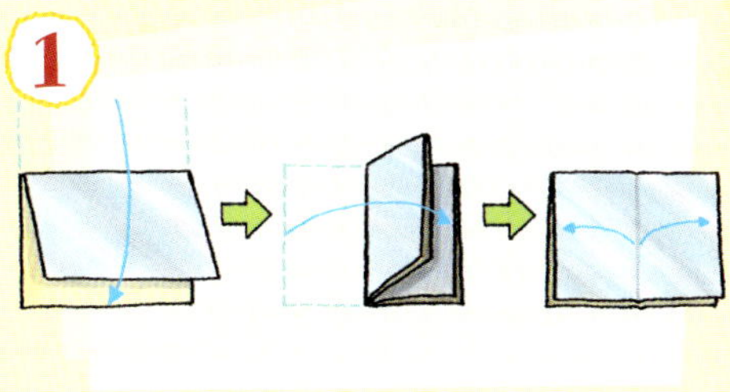

Falte die beiden kürzeren Kanten des Papiers aufeinander und wiederhole den Schritt mit dem neu entstandenen Rechteck. Dann öffnest du die letzte Faltung wieder und legst das Papier mit der Falzkante nach oben vor dich hin.

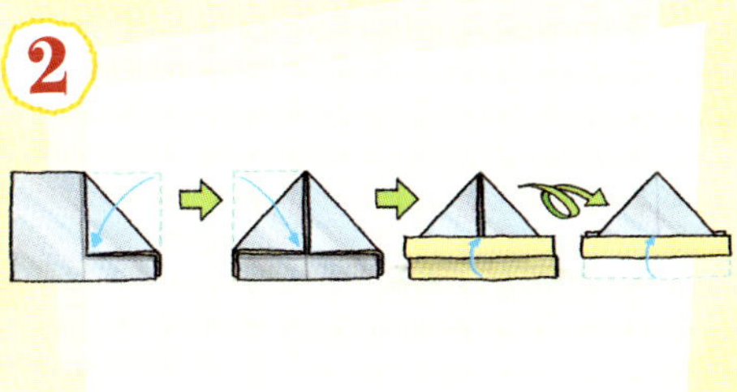

Falte jetzt die obere rechte Ecke entlang der Mittellinie nach unten. Die obere linke Ecke knickst du genauso. Unten stehen jetzt zwei Streifen Papier über, falte die Streifen auf jeder Seite nach oben.

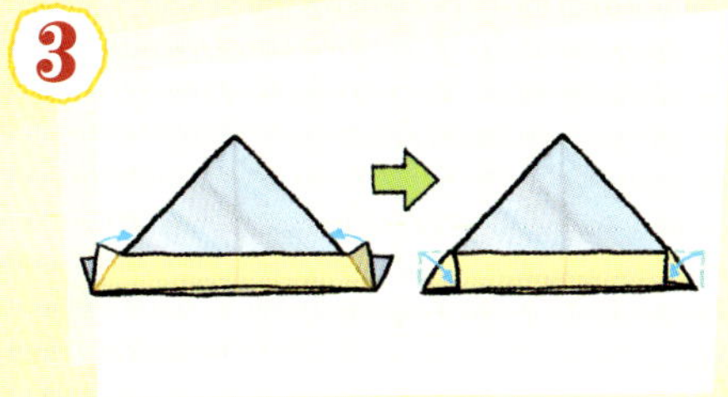

Falte nun noch die überstehenden vorderen Ecken nach hinten um und die hinteren nach vorne – fertig ist der Hut!

Schiff

aus rechteckigem Faltpapier

Falte das Schiff wie den Hut bis Punkt 2. Ziehe dann die Hut-Faltung in der Mitte auseinander und lege die beiden äußeren Falzkanten aufeinander, sodass ein Quadrat entsteht. Lege es so vor dich hin, dass die offene Seite nach unten zeigt.

Falte jetzt die untere Spitze genau auf die obere Spitze, wende die Faltung und falte die untere Spitze auch wieder auf die obere Spitze. Ziehe die Falzkanten gut mit dem Daumennagel nach. Nun ziehst du die Faltung wieder in der Mitte auseinander bis die äußeren Spitzen genau aufeinander liegen.

Ziehe jetzt die obere rechte und linke Spitze nach rechts und links auseinander, bis sich die mittlere Spitze aufrichtet und ein Bootsrumpf entsteht. Ziehe die untere Bootskante gut mit dem Daumennagel nach – fertig!

Himmel und Hölle

aus quadratischem Faltpapier

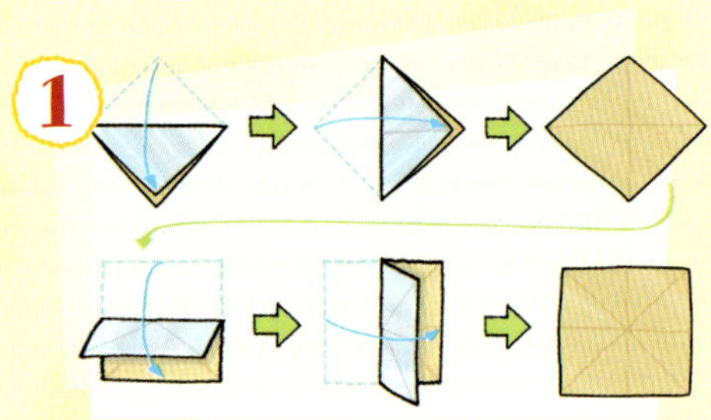

Falte jeweils die gegenüberliegenden Seiten und Ecken aufeinander und öffne alles danach wieder. Nach diesen 4 Schritten sehen die Falzlinien auf deinem Papier wie ein Stern aus.

Jetzt faltest du alle 4 Ecken zum Mittelpunkt des Sterns und drehst das Papier um.

3

Falte wieder alle Ecken zur Mitte und drehe deine Faltung erneut um.

Greife nun vorsichtig mit 4 Fingern in die 4 Öffnungen. So kannst du die 4 Spitzen der Faltung aufrichten. Gestalte nun dein fertiges Himmel-und-Hölle-Spiel, wie du es möchtest.

Windrad

aus quadratischem Faltpapier

1

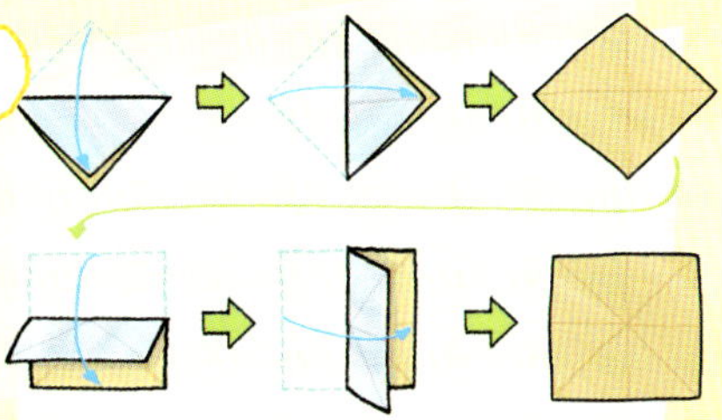

Falte jeweils die gegenüberliegenden Seiten und die gegenüberliegenden Ecken des Papiers aufeinander und öffne sie wieder. Genau wie beim Himmel-und-Hölle-Spiel ist auf deinem Papier ein Stern aus Falzlinien entstanden.

2

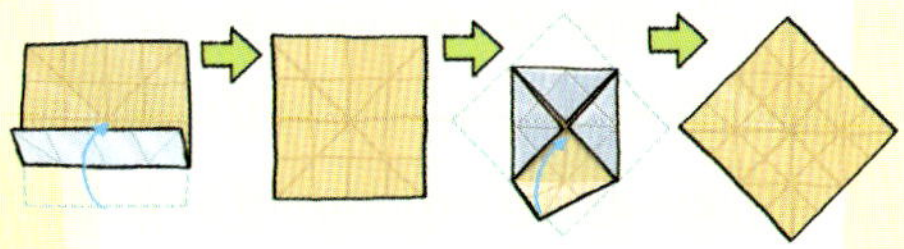

Falte jetzt alle 4 Seiten bis zur Mittellinie und öffne die Faltung danach wieder. Dann faltest du die vier Ecken zum Mittelpunkt und öffnest alles wieder, jetzt ist ein Tischtuch entstanden.

3

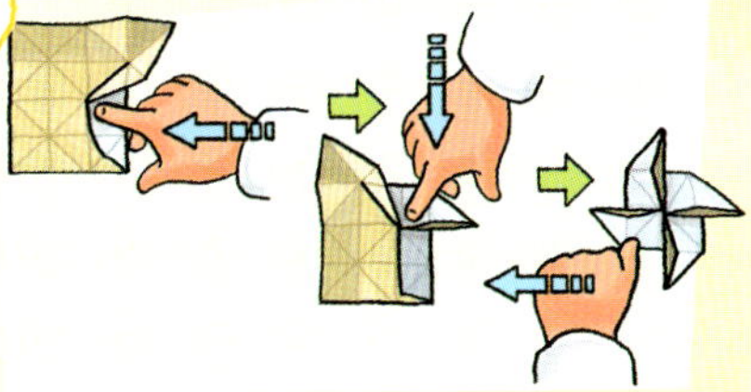

Drehe das Tischtuch so zur dir, dass eine Seite zu dir zeigt, und drücke alle 4 Seiten nach innen. Falte die so entstandenen Spitzen jeweils nach links und fahre die Falzkanten mit dem Daumennagel gut nach – dein Windrad ist fertig!

Witzige Papierhüte

ganz einfach gefaltet

Das brauchst du

Tonpapier in Grün, 25 cm x 35 cm
Tonpapier in Rot, 33 cm x 5 cm
Tonpapier in Schwarz, 50 cm x 70 cm
Tonpapierrest in Weiß
Blumendraht, 20 cm lang, ø 0,65 mm
Flüssigkleber
Klebestift
Klebefilm
Vorlagenbogen A

Robin Hood

1 **Falte aus grünem Tonpapier** eine Hutform wie auf Seite 5 erklärt.

2 **Schneide aus einem** roten Papierstreifen die Form einer Feder, indem du die Ecken abrundest und an den Seiten viele schräge Schnitte bis fast zur Mitte machst.

3

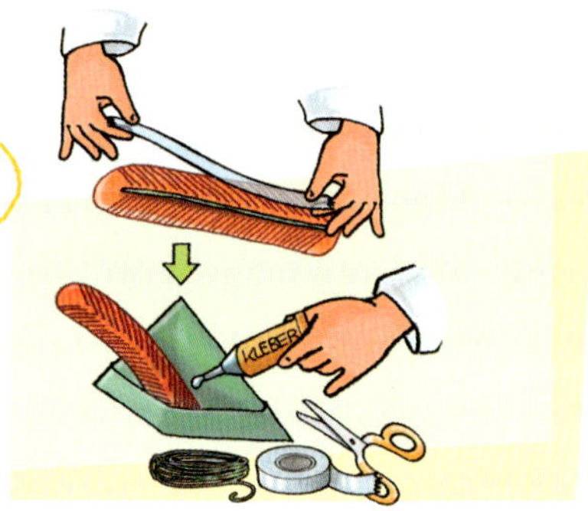

Klebe mit einem Streifen Klebefilm den Blumendraht von hinten auf die Mitte des Papierstreifens, damit die Feder später schön vom Hut absteht. Klebe die Feder mit genügend Klebefilm und Flüssigkleber am Hut fest.

Pirat

1 **Falte aus schwarzem** Tonpapier eine Hutform wie auf Seite 5 erklärt.

2

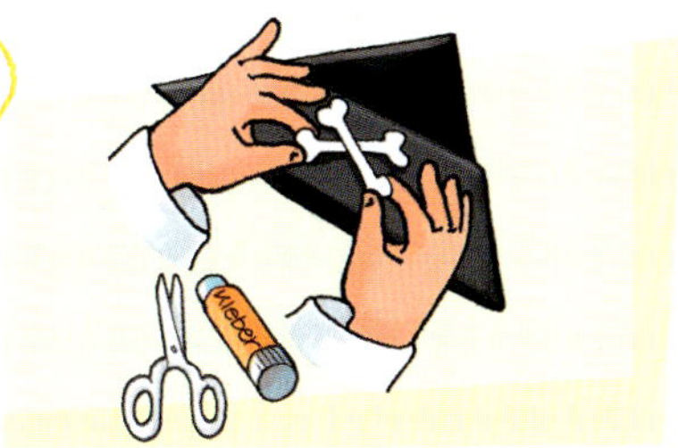

Schneide nach der Vorlage zwei Knochen aus dem weißen Tonpapier aus und klebe sie über Kreuz auf die Vorderseite des Hutes.

Maustipp

zum Basteln und Spielen

Je wilder das Spiel, desto leichter fallen die Hüte vom Kopf! Bohre mit einer Nadel links und rechts in die Hutkrempe ein kleines Loch und befestige die Enden eines Gummifadens. Jetzt kannst du den Hut unter deinem Kinn festmachen! Bastle noch mehr Hüte, z. B. einen Feuerwehrhut in Orange oder einen bunten Clownshut!

Schöne Büchlein

für deine Notizen und Zeichnungen

Das brauchst du

Tonkarton in bunt gemustert, 23 cm x 33 cm
10 Blatt Papier in Weiß, DIN A5
Wollfaden oder Geschenkband
Locher

1

Falte den Karton in der Mitte und loche ihn am Knick mit einem Bürolocher. Loche auch die zehn Blatt weißes Papier an der längeren Seite.

2

Lege das weiße Papier in den gelochten Karton und fädele das Band durch die Löcher. Die Löcher müssen dabei genau aufeinanderliegen. Fädele das Band zuerst von der Vorderseite aus durch das obere Loch hindurch. Dann von der Rückseite aus durch das untere Loch, sodass beide Enden des Bandes

auf der Vorderseite sind. Verknote die beiden Enden des Bandes und binde eine schöne Schleife.

3 Verziere den Umschlag deines Buches, indem du ihn bunt beklebst oder bemalst.

Maustipp
zum Basteln und Spielen

Du kannst so Bücher in jeder Größe herstellen. Du musst nur darauf achten, dass der Umschlag etwa 1 cm größer ist als die Buchseiten. Verziere den Umschlage mit einem Etikett oder einem gefalteten Motiv.

Herzlich Willkommen!

Wimpelkette zur Begrüßung

Das brauchst du

Je 2 Faltblätter in Gelb, Orange, Rot, Blau und Grün, 15 cm x 15 cm
Wollfaden, 3 m lang
Filzstift in Schwarz
Flüssigkleber

1

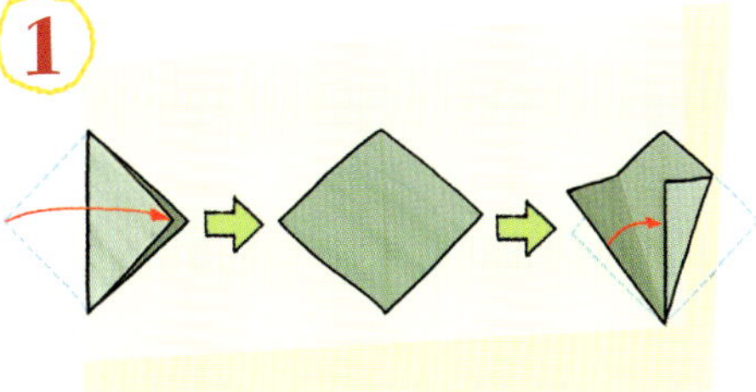

Falte das Papier diagonal in der Mitte und öffne die Faltung wieder. Lege das Papier nun so vor dich hin, dass eine Ecke zu dir zeigt. Falte nun die rechte und die linke untere Kante auf die Mittellinie, sodass eine lange Spitze entsteht.

2 **Falte die obere Ecke** nach unten, sodass du ein Dreieck mit langen Seiten hast. Jetzt ist dein Wimpel fertig.

3 **Falte aus allen** Faltpapieren Wimpel. Wenn du möchtest, kannst du sie wie auf dem Bild mit dem schwarzen Filzstift beschriften. Du kannst z. B. einen Erwachsenen bitten, auf die einzelnen Wimpel die Buchstaben für das Wort „Willkommen“ zu schreiben.

4

Ziehe den Wollfaden hinter der heruntergeklappten oberen Ecke der Wimpel hindurch und befestige die Spitze der Ecke mit etwas Klebstoff.

Viele liebe Grüße!

Briefumschlag mit Karte

Das brauchst du

Tonkarton in Rot mit weißen Punkten und in Blau, je 17,5 cm x 25 cm
Tonkarton in Rot und Blau, je DIN A5
Tonpapierrest in Weiß, 6 cm x 8 cm
Faltpapierrest in Blau, 4 cm x 4 cm
Kopierpapierrest in Weiß, 6 cm x 12 cm
Tonkartonrest in Braun, Grün und Rot mit weißen Punkten
Lineal
Klebstoff
Vorlagenbogen A

Pilz

1 **Bastle eine Karte,** indem du den roten Tonkarton (DIN A5) in der Mitte faltest.

2 **Den Pilz schneidest du** nach der Vorlage aus dem weißen und dem roten Papierrest mit weißen Punkten aus.

3

Klebe den Pilz auf ein weißes Stück Tonkarton (6 cm x 8 cm) und den Tonkarton vorn auf die Karte.

4

Für den Umschlag nimmst du den gepunkteten Tonkarton (17,5 cm x 25 cm) und faltest die obere Kante zu einem 2 cm breiten Rand. Von der unteren Kante aus misst du zur Mitte des Papiers 13,5 cm ab und faltest genau so viel nach oben. Streiche die seitlichen Kanten ganz knapp am Rand mit Flüssigkleber ein und klebe die Seiten zusammen.

Blüte

1 Bastle aus dem blauen Tonkarton eine Karte wie links beschrieben.

2

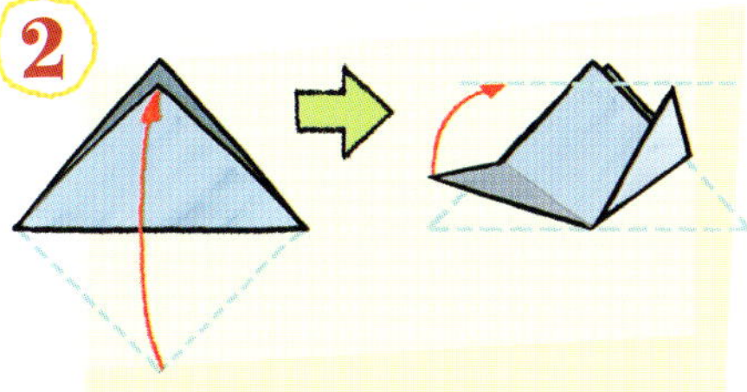

Die Blüte faltest du aus dem quadratischen Faltpapierrest in Blau: Falte das Papier diagonal in der Mitte und lege das entstandene Dreieck mit der Spitze nach oben vor dich. Nun faltest du die rechte und die linke Spitze nach oben.

3 Klebe die Blüte auf ein Stück Tonpapier (6 cm x 12 cm) und male mit einem grünen Filzstift Stängel und Blätter. Die Karte bastelst du wie links beschrieben.

Ene, mene, meck!

Himmel und Hölle

Das brauchst du

Faltpapier in Orange, Grün, Rot und Himmelblau, 20 cm x 20 cm
Kopierpapierreste in Weiß
Tonpapierrest in Rot, Blau und Schwarz
Vorlagenbogen A

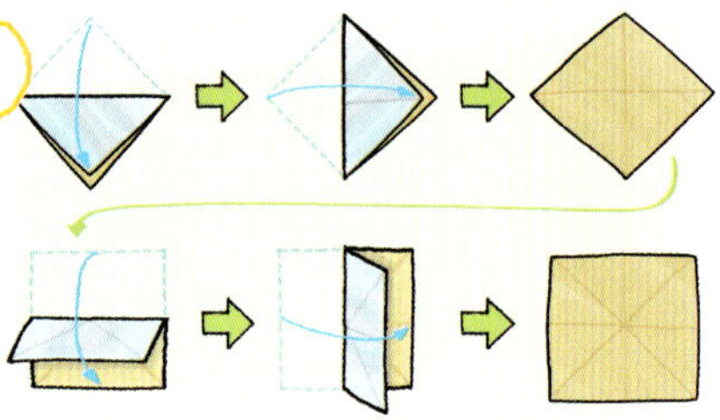

1

Falte jeweils die gegenüberliegenden Seiten und Ecken aufeinander und öffne alles danach wieder. Nach diesen 4 Schritten sehen die Falzlinien auf deinem Papier wie ein Stern aus.

2

Jetzt faltest du alle 4 Ecken zum Mittelpunkt des Sterns und drehst das Papier um.

3

Falte wieder alle Ecken zur Mitte und drehe deine Faltung erneut um.

4 **Greife nun** vorsichtig mit 4 Fingern in die 4 Öffnungen. So kannst du die 4 Spitzen der Faltung aufrichten.

5

Schneide aus weißem Papier runde Augen und aus rotem Papier zwei lange Zungen nach der Vorlage aus und klebe sie in das Spiel, so wie in der Schrittillustration zu sehen. Der Frosch kann deine Freunde prima anquaken!

Maustipp

zum Basteln und Spielen

Denke dir noch andere Spiele für „Himmel und Hölle“ aus! Z. B. ob es morgen Regen oder Sonne geben wird. Klebe die Symbole für Sonne und Regen, die du auch auf dem Vorlagenbogen A findest, in die Innenseiten der Faltung. Genauso kannst du die Faltung zum Auszählen benutzen: Ene, mene, meck und du bist weg!

Feste pusten!

Kunterbunte Windräder

Das brauchst du

Geschenkpapier, schön gemustert, 15 cm x 15 cm
5 bunte Holzperlen, ø 15 – 20 mm
Blumendraht, 15 cm lang
Schaschlikstäbchen
Prickel- oder Nähnadel
Flüssigkleber

1 **Falte aus dem** Geschenkpapier dein Windrad wie auf Seite 7 beschrieben.

2

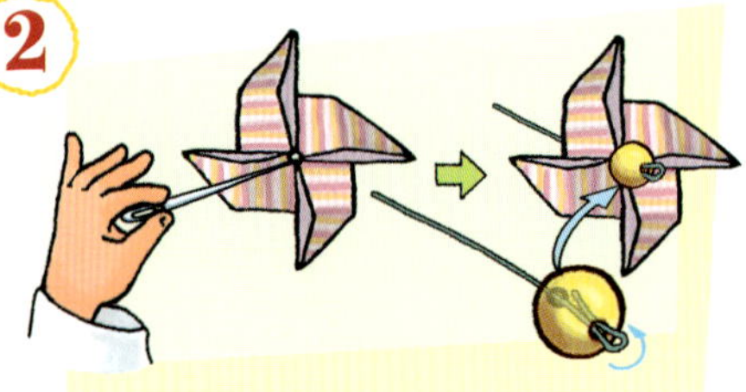

Jetzt stichst du mithilfe der Prickel- oder Nähnadel ein kleines Loch in die Mitte des Windrades. Dann führst du 4 cm des Drahtes durch das Loch und steckst eine der Perlen auf das kurze Drahtstück. 1 cm vor der Perle biegst du das Drahtstück zu einer Schlaufe und steckst das Drahtende anschließend in die Perle, so kann sie nicht heraus rutschen.

3

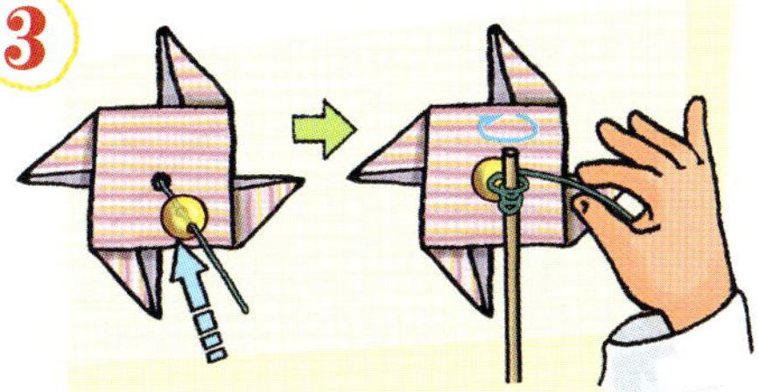

Nun steckst du auf das lange Drahtstück auf der Rückseite des Windrades eine zweite Perle und wickelst den restlichen Draht mehrmals fest um das obere Ende des Schaschlikstäbchens.

4

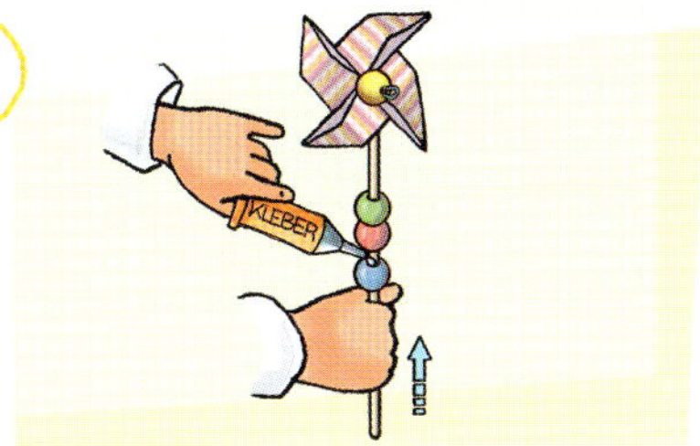

Um dein Windrad noch schöner zu gestalten, kannst du die restlichen drei Perlen von unten auf das Schaschlikstäbchen aufziehen. Klebe die untere Perle am Stäbchen fest, indem du etwas Flüssigkleber in das Loch der Perle fließen lässt. So können die Perlen nicht nach unten rutschen.

Pinguin-Pärchen

watscheln übers Eis

Das brauchst du

- Tonpapier in Schwarz, 15 cm x 15 cm
- Kopierpapier in Weiß, 15 cm x 15 cm
- Tonpapierrest in Gelb und Orange
- Klebestift
- Vorlagenbogen A

1 **Klebe das weiße** und schwarze Papier mit einem Klebestift genau aufeinander.

2

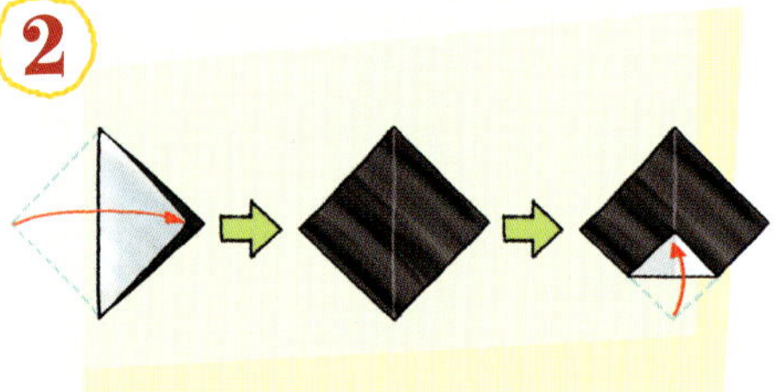

Lege die zusammengeklebten Papiere mit der schwarzen Seite nach oben auf den Tisch und falte die linke Ecke auf die rechte Ecke. Jetzt öffnest du die Faltung wieder und legst das Ganze so vor dich hin, dass eine Ecke zu dir zeigt.
Entlang des entstandenen Mittelfalzes faltest du die untere Ecke etwa 4 cm nach oben.

3

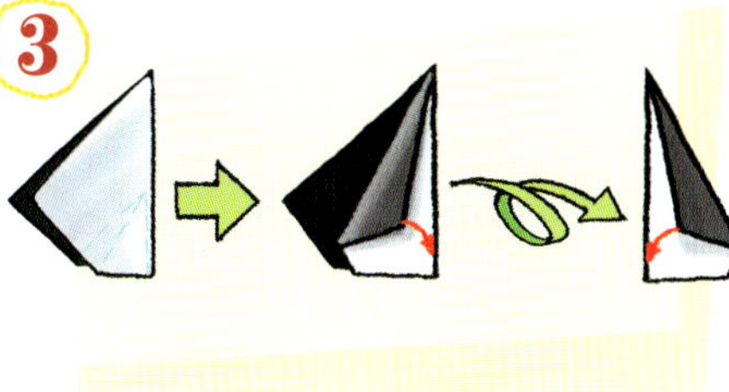

Jetzt faltest du das Ganze wieder in der Mitte, indem du die rechte Ecke genau auf die linke Ecke faltest. Falte dann die linke Ecke der oberen Papierlage zur Falzkante rechts und zwar so, dass die Ränder der Papierlagen eine gemeinsame Linie bilden und ein gleichmäßiger Absatz zum unteren Rand entsteht.

Drehe die Faltung um und wiederhole den letzten Schritt.

4

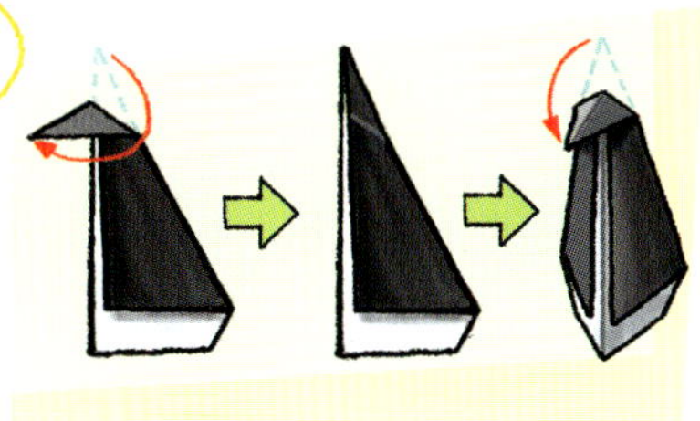

Falte die Spitze für den Kopf nun nach links zur Seite und wieder zurück. Dann ziehst du die Figur am Kopfende etwas auseinander und klappst den Kopf entlang des Falzes nach links.

5 **Schneide Schnabel** und Füße nach der Vorlage aus gelbem Tonpapier aus und klebe sie auf. Für die Augen kannst du zwei weiße Papierkreise aus dem Bürolocher benutzen.

Faszinierende Unterwasserwelt

Fischfamilie im Schuhkarton

Das brauchst du

2 Tonzeichenpapiere in Gelb,
9 cm x 9 cm
Tonzeichenpapier in Orange,
10 cm x 10 cm
Tonzeichenpapier in Rot,
13 cm x 13 cm
4 Wackelaugen, ø 1 cm
Filzstift in Schwarz
Nylonfaden
Schuhkarton

1

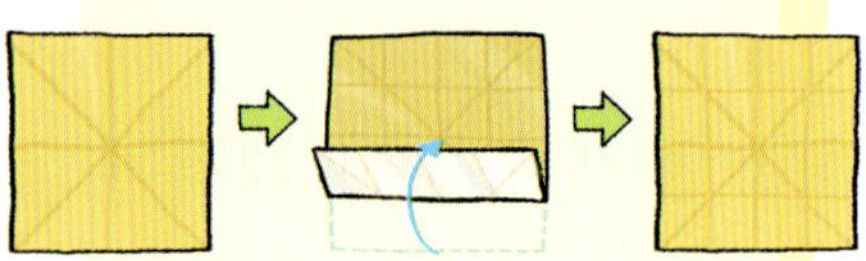

Falte jeweils die gegenüberliegenden Seiten und die gegenüberliegenden Ecken des Papiers aufeinander und öffne sie wieder. Nun ist auf deinem Papier ein Stern aus Falzlinien entstanden.

Falte alle vier Seiten bis zur Mittellinie und öffne die Faltung jedesmal wieder.

2

Falte eine Ecke zum Mittelpunkt und drehe das Papier um. Die anderen drei Ecken stellst du wie abgebildet auf. Drücke anschließend die Seiten nach innen.

3

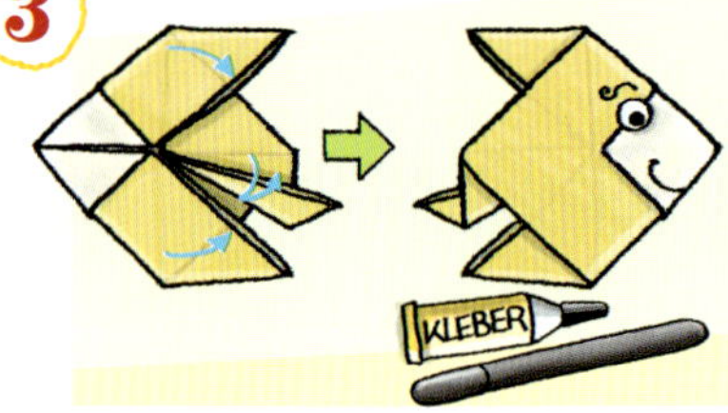

Nun faltest du die obere und untere Ecke als Flossen nach hinten. Falte die Ecke, die nach rechts zeigt, zweimal um. Sie bildet die Schwanzflosse.

Zum Schluss klebst du die Wackelaugen fest und malst mit einem schwarzen Filzstift Mund und Augenbrauen auf.

Maustipp

zum Basteln und Spielen

✪ Bastle für deine Fische ein passendes Aquarium, z. B. aus einem Schuhkarton, und hänge sie an einem Nylonfaden darin auf. Wenn du im Falten schon geübt bist, falte auch Fische aus Aluminiumfolie – das glitzert schön!

Mama Giraffe und ihre Kleinen

Giraffenfamilie leicht gefaltet

Das brauchst du

Tonpapier in Gelb, DIN A4 und DIN A5
Filzstift in Braun und Schwarz
Vorlagenbogen B

1 **Falte die beiden** langen Seiten des Tonpapiers aufeinander.

2 **Pause die Vorlage** für die Giraffen ab und schneide sie aus.

3

Lege die ausgeschnittene Vorlage mit der langen Seite an den Knick und male mit einem Bleistift die Konturen nach.

4

Schneide die Giraffe aus und knicke den Kopf kurz unter den Ohren schräg nach links.

5 **Male das Gesicht** deiner Giraffe mit schwarzem oder braunem Filzstift auf. Male auf den Körper mit dem braunen Filzstift noch die Flecken – schon bist du fertig!

Kunterbunte Fliegerstaffel

Wer gewinnt den Weitflug-Wettbewerb?

Das brauchst du

Faltpapier in Grau, Orange, Rot und Weiß, DIN A4
Filzstifte in Grün, Blau, Gelb und Rot

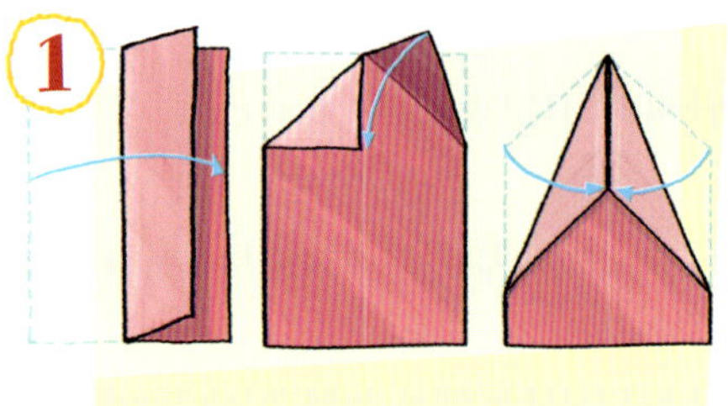

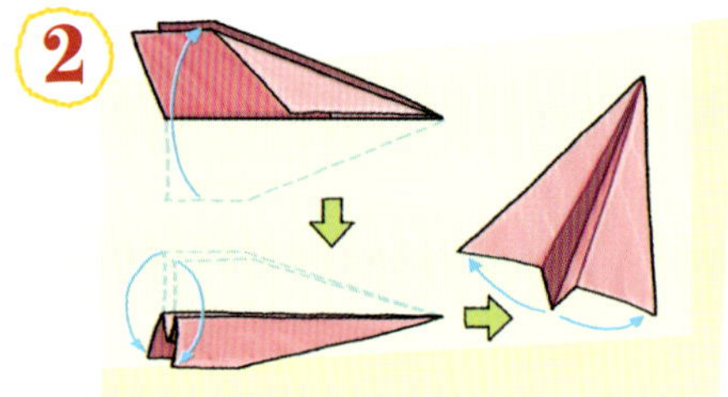

Falte die beiden langen Seiten des Papiers aufeinander und öffne die Faltung wieder.

Knicke dann die beiden oberen Ecken auf den Mittelfalz. Anschließend knickst du die neu entstandenen Falzkanten auf den Mittelfalz.

Falte deine Faltung in der Mitte zusammen. Jetzt knickst du die Flügel jeweils an beiden Seiten nach außen und an den Flugzeugbauch heran und zwar so, dass am unteren Rand des Fliegers ein ca. 2 cm breiter Rand entsteht und die beiden Flügel zunächst nach unten zeigen. Ziehe die oberen Falzkanten

des Fliegers mit dem Daumennagel nach.

Nun klappst du die Flügel parallel nach oben, sodass dein Flieger eine glatte Oberfläche hat.

3 **Gestalte deine Flieger** mit Filzstiften wie auf dem Foto oder lass' deiner Fantasie freien Lauf.

Maustipp

zum Basteln und Spielen

★ Jedes Kind bastelt sich einen Flieger, dann stellt ihr euch an einer Linie auf und werft die Flieger los. Das Kind, dessen Flieger am weitesten gleitet, hat gewonnen!

Süße Katzenfamilie

Mama mit fünf Jungen

Das brauchst du

- 2 Faltpapiere in Braun, 10 cm x 10 cm
- 2 gepunktete Faltpapiere, 7,5 cm x 7,5 cm
- Filzstift in Schwarz
- Flüssigkleber

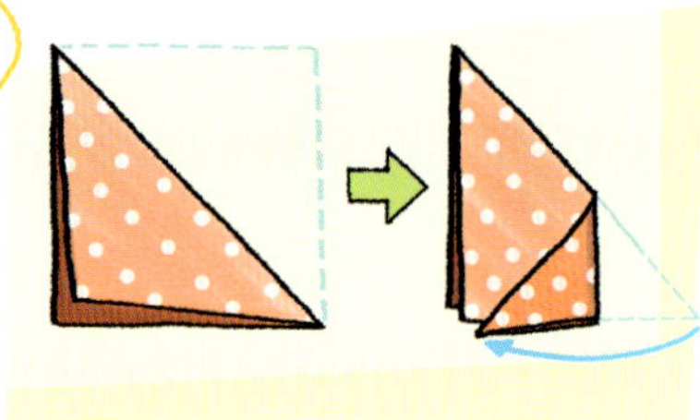

1

Für den Körper faltest du die Ecke rechts oben auf die Ecke links unten.

Dann knickst du die neu entstandene Ecke rechts unten entlang des unteren Randes der Faltung um. Das ist der Schwanz.

2 **Nun ist der Kopf** an der Reihe. Dafür faltest du wie im ersten Schritt Ecke auf Ecke und legst das Papier mit der langen Seite vor dich.

Danach faltest du die obere Spitze nach unten und die untere Spitze etwa 2 cm nach oben.

3

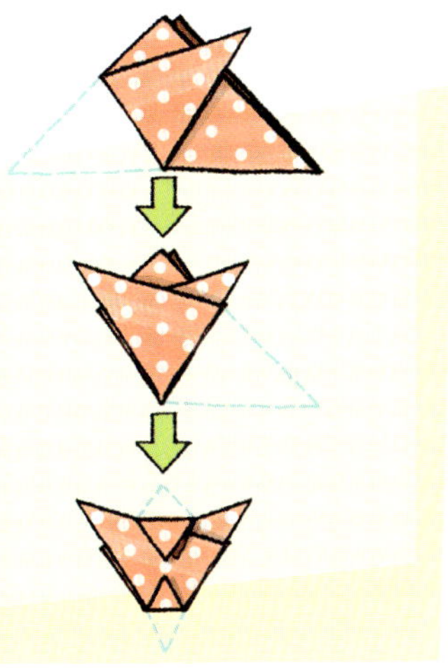

Die rechte Spitze wird nach links oben und die linke Spitze nach rechts oben gefaltet.

4

Drehe die Faltarbeit um und verziere das Katzengesicht mit Augen, Nase und Schnurrhaaren. Klebe dann den Kopf an der oberen Spitze des Körpers fest.

Hier kommt die Schiffparade!

Schiffchen mit wehenden Segeln

Das brauchst du

- Tonpapier in Braun, DIN A4
- Tonpapierreste in verschiedenen Farben, 8 cm x 10 cm
- Schaschlikstäbchen
- Schere

1 **Falte aus dem** braunen Papier die Form eines Schiffchens wie auf Seite 5 erklärt.

2

Stecke ein Schaschlikstäbchen in die Spitze des Schiffchens und befestige daran ein etwa 8 cm x 10 cm großes Stück Tonpapier als Segel.

3

Probiere verschiedene Formen und Farben für deine Segel aus. Du kannst sie z. B. mit einer Zackenschere ausschneiden, sodass sie eine interessantere Form erhalten, oder bemalen.

Maustipp

zum Basteln und Spielen

Bastle für alle deine Freunde, die du zu deiner Geburtstagsfeier einladen möchtest, Einladungen in Form von Piratenschiffen! Wenn du die Namen deiner Freunde auf die Schiffe schreibst, kannst du sie auch als Plätzkärtchen verwenden.

Lustige Frösche

Wer springt am weitesten?

Das brauchst du

Faltpapier in Hellgrün, 15 cm x 30 cm und 6 cm x 12 cm
Faltpapier mit Punkten, 15 cm x 30 cm und 9 cm x 18 cm
Faltpapier in Türkis, 9 cm x 18 cm
Kopierpapierrest in Weiß

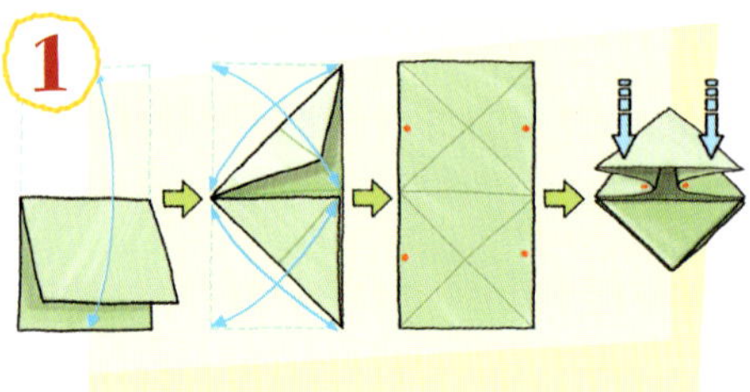

Falte die beiden kurzen Seiten des Papiers aufeinander und öffne die Faltung wieder.

Alle Ecken werden zum jeweils gegenüberliegenden Ende des Mittelfalzes gefaltet und wieder geöffnet. Die langen Seiten werden jeweils an den rot eingezeichneten Punkten zur Mitte des Mittelfalzes geklappt, sodass auf beiden Seiten der Faltung zwei dreieckige Taschen entstehen.

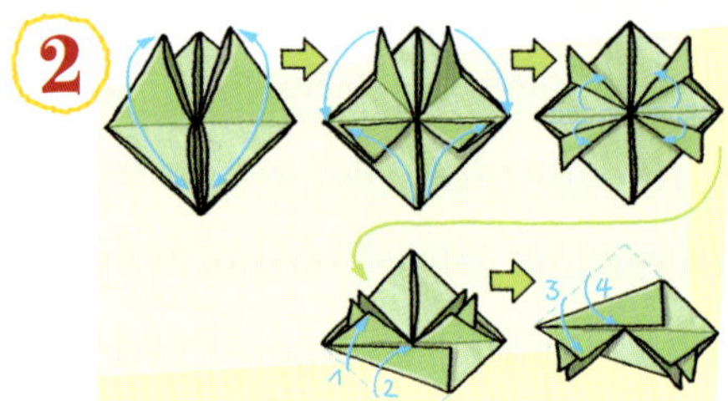

Lege die nun quadratische Faltung so hin, dass die Öffnung nach oben zeigt. Die vier Spitzen der oberen Papierlage werden entlang der Öffnung auf die gegenüberliegende Spitze gefaltet und wieder zurückgeklappt. Alle offenen Seiten der Spitzen werden nun auf die neu entstandenen Falzkanten zurückgefaltet. Das sind die Beine deines Frosches.

Klappe das untere Beinpaar entlang des Mittelfalzes nach oben und falte die linke untere Außenkante zum Mittelfalz. Beine wieder zurück. Klappe jetzt das obere Beinpaar nach unten und falte die linke obere Außenkante auf den Mittelfalz. Beine wieder zurück.

3

Drehe das Papier um, der Froschkörper hat eine Drachenform. Falte die Spitze des breiten Endes auf den Mittelfalz. Die entstandene Falzkante wird mitsamt den Beinen auf den Mittelfalz gefaltet. Schlage den unteren Rand der Faltung am Mittelfalz nach unten um.

Maustipp

zum Basteln und Spielen

⊛ Lass deinen Frosch hüpfen, indem du deinen Zeigefinger am hinteren Teil der Faltung abdrückst.

Königliche Krone

zu Ehren des Geburtstagskindes

Das brauchst du

Wellpappe in Gelb,
4 cm x 70 cm
7 Faltpapiere in Gelb
10 cm x 10 cm
Flüssigkleber

1

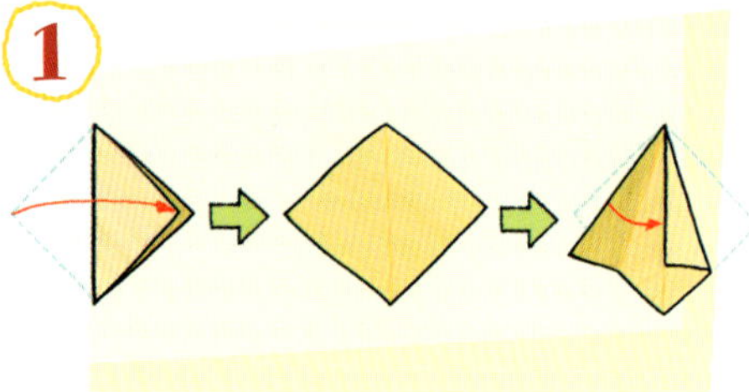

Jede Zacke der Krone wird einzeln gefaltet. Falte das gelbe Faltpapier, diagonal in der Mitte und öffne es wieder. Lege es mit einer Ecke nach oben vor dich hin und falte die beiden oberen Kanten zum Mittelfalz. Drehe die Faltung um und die erste Zacke ist fertig!

2

Wenn alle Zacken gefaltet sind, klebst du sie mit Flüssigkleber an dem Wellpappe-Streifen in einer Reihe fest, sodass die Spitzen majestätisch in die Höhe ragen.

3 Lege die an den Enden noch offene Krone um deinen Kopf und miss den richtigen Umfang ab. Klebe dann den Wellpappe-Streifen in der richtigen Länge zusammen.

Maustipp

zum Basteln und Spielen

Die Krone sieht sehr schön aus, wenn du bunte Farben für die Zacken verwendest. Du kannst die Zacken auch bemalen oder mit Glitzersteinen bekleben.

Feenzauberstab

Du verzauberst alle!

Das brauchst du

- Alu-Bastelfolie in Silber, 20 cm x 70 cm
- Holzstab, 50 cm lang
- Bast in Gold und Weiß
- Aluminiumfolie
- Flüssigkleber
- Klebefilm

1

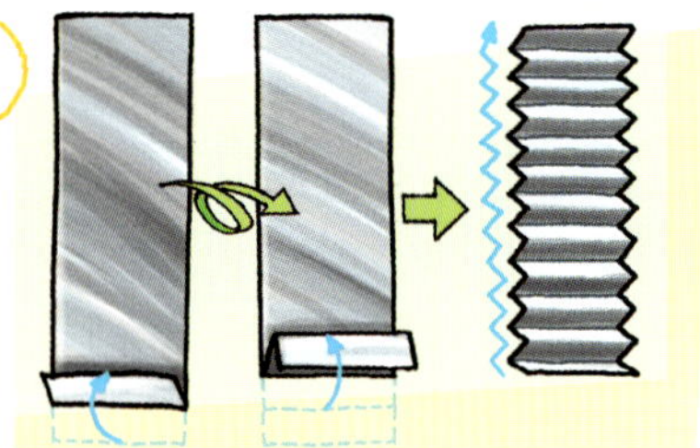

Falte die Folie entlang der schmalen Seite in der Zickzackfaltung. Knicke dazu eine Kante der Alu-Bastelfolie 1,5 cm breit um, wende dann die Folie und knicke wieder 1,5 cm um. Das machst du so lange, bis der komplette Streifen gefaltet ist. Das ganze sieht dann aus wie eine Ziehharmonika.

2

Halte die Folie in der Mitte fest und ziehe die beiden Enden zueinander, sodass ein Kreis entsteht. Klebe dann die äußeren Ränder der Zickzackfaltung mit Flüssigkleber zusammen.

3 **Fädele den Bast** durch die Öffnung in der Mitte deines Zickzacksterns.

4 

Umwickle den Holzstab mit der Aluminiumfolie und klebe ihn von hinten mit Klebefilm und Flüssigkleber am Stern fest.

Maustipp

zum Basteln und Spielen

✪ Denke dir verschiedene Zaubersprüche aus, mit denen du deine Stofftiere oder deine Freunde verzaubern kannst: „Ene, mene, matze, du bist eine Katze!“ Deine Zaubersprüche sollten sich immer reimen, damit sie richtig feenhaft klingen!

Schatzschachteln

Für kleine Geheimnisse!

Das brauchst du

Buntes Faltpapier, 20 cm x 20 cm
Buntes Faltpapier, 19 cm x 19 cm

1

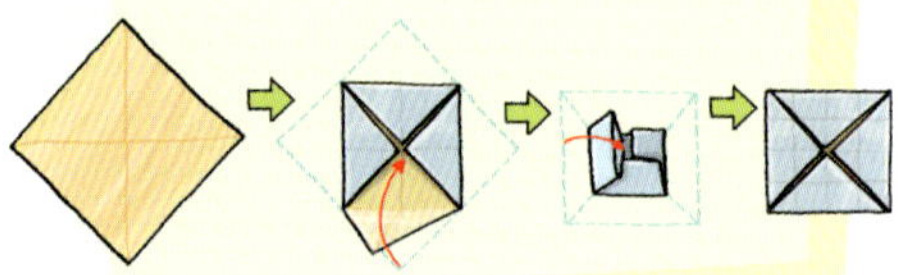

Falte dein Papierquadrat 2 x diagonal und öffne die Faltung wieder. Falte dann alle 4 Ecken genau zur Mitte. Falte anschließend alle 4 Ränder zur Mitte und öffne die Faltung wieder.

2

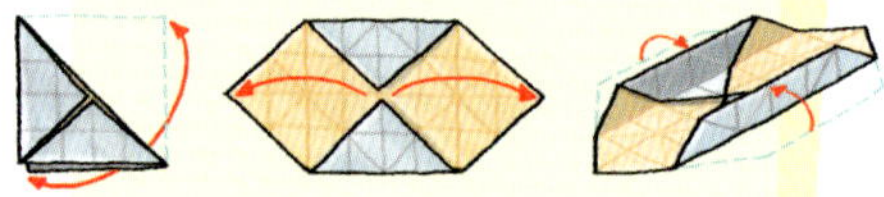

Falte nun entlang der Diagonalen den rechten oberen Teil der Faltung nach hinten und wieder zurück. Falte jetzt das rechte und das linke Dreieck nach außen. Nun faltest du den oberen und unteren Rand zur Mittellinie und stellst anschließend beide Seiten senkrecht nach oben auf.

3

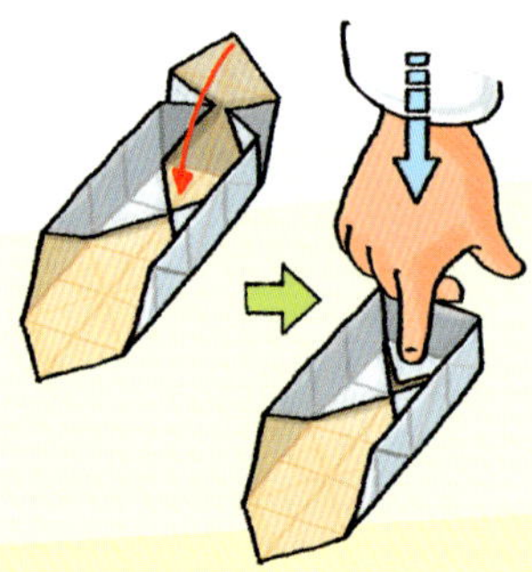

Drücke danach auf der rechten Seite die beiden Ecken nach innen und falte gleichzeitig die rechte Spitze nach oben

und dann zur Mitte der Schachtel. Falte die linke Seite auf die gleiche Weise.

Die Schachtel, die du aus dem größeren Papier gebastelt hast, ist der Deckel. Stecke ihn auf die kleinere Schachtel – fertig!

Maustipp

zum Basteln und Spielen

Auf diese Art kannst du Schachteln in jeder Größe basteln. Achte nur darauf, dass das Papier für die Unterseite 1–2 cm kleiner ist als das für den Deckel. Eine tolle Idee, um Geschenke zu verpacken oder kleine und besondere Dinge aufzubewaren!

Fridolin Frosch

die fröhlich hüpfende Marionette

Das brauchst du

4 feste Transparentpapierstreifen in Hell- und Dunkelgrün, je 1,5 x 70 cm
Karton in grün-weiß gepunktet
2 Wackelaugen, ø 10 mm
2 Holzstäbe
Nylonschnur
Filzstift in Schwarz
Flüssigkleber

1 **Schneide Kopf** mit Körper, Hände und Füße aus dem gepunkteten Karton aus und orientiere dich dabei an der Abbildung rechts. Klebe die Wackelaugen auf und male einen Mund mit schwarzem Filzstift auf das Gesicht.

2

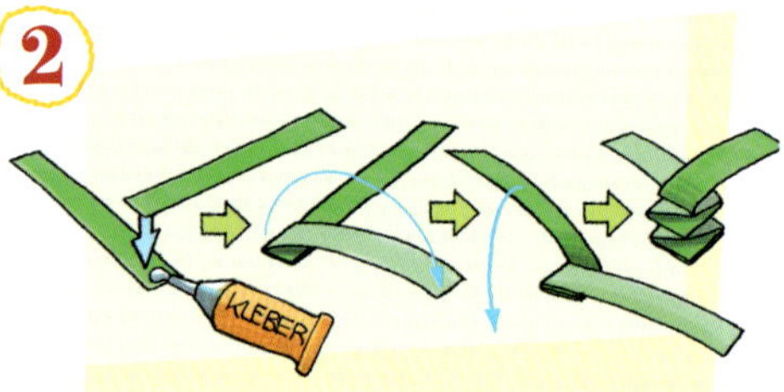

Für Arme und Beine faltest du eine Hexentreppe. Klebe die Enden der Papierstreifen so aufeinander, dass sie in einem rechten Winkel zueinander stehen. Lege die Streifen so vor dich hin, dass die zusammengeklebte Ecke auf dich zeigt. Falte den linken Streifen nach vorne über den rechten Streifen, sodass wieder ein rechter Winkel entsteht. Wiederhole das immer abwechselnd mit beiden Streifen.

3

Klebe die Hexentreppen als Arme und Beine am Körper fest. Klebe jetzt die Hände und Füße an die Enden der Hexentreppen.

4 **Bohre mit einer** Nadel Löcher zwischen die Augen und in die Hände und Füße und schneide fünf Nylonschnüre zurecht. Dafür legst du die Puppe vor dich hin und misst an ihrem Körper die Längen ab. Für die beiden Beine müssen die Schnüre am längsten sein, für den Kopf am kürzesten.

5

Klebe die beiden Holzstäbe als Kreuz übereinander und binde mit den Nylonschnüren den Kopf, die Hände und die Füße des Frosches daran fest, indem du die Schnur durch die Löcher fädelst und verknotest. Jetzt kannst du den Frosch richtig hüpfen lassen!

Pop-Up!
Glückwunschkarten

Das brauchst du

Tonpapier in Weiß, Rosa, Hell- und Dunkelgrün, DIN A5
Tonpapierrest in Rot, Orange, Gelb, Pink, Dunkelgrün und bunt-gepunktet
Buntstift, wasserlöslich
Buntstift in Rosa
Motivstanzer Blüte
Flüssigkleber
Vorlagenbogen A

Herz

1 **Falte die schmalen** Seiten des weißen Tonpapiers aufeinander und streiche den Mittelfalz glatt, sodass eine Karte entsteht. Wenn du möchtest, schraffiere den rechten Teil der Karte mit einem rosa Buntstift, wie auf dem Foto.

2

Schneide nun in die zusammengelegte Karte vom Mittelfalz aus zwei Schlitze im Abstand von 3 cm hinein. Die Schnitte sollten auch 3 cm lang sein. Ziehe den herausgeschnittenen Teil vorsichtig mit den Fingern heraus.

3

Schneide das Herz aus gepunktetem Papier nach der Vorlage aus. Klebe es auf die vordere Seite des herausstehenden Teils.

4 **Falte die schmalen Seiten** des rosafarbenen Tonpapiers aufeinander und klebe die rosafarbene Karte auf die Außenseite der weißen Karte.

Blumenwiese

1 **Bereite die Karte** aus Hellgrünem Tonpapier genauso vor wie die Herzkarte.

2

Schneide aus dem dunkelgrünen Tonpapierrest vier unterschiedlich lange Streifen als Blumenstiele aus. Stanze aus den verschiedenfarbigen Tonpapierresten vier Blüten und klebe sie oben an die Blumenstiele. Jetzt klebst du die Blumen an die vordere Seite des herausstehenden Teils.

3 **Klebe jetzt das** in der Mitte gefaltete dunkelgrüne Tonpapier um die Außenseite der Karte. Fertig!

Schöne Aussicht

Meerblick-Collage

Das brauchst du

Tonkarton in Hellblau,
35 cm x 50 cm
Faltpapier in Grau und Braun,
DIN A4
Faltpapier in Rot, Orange und
Gelb, 5 cm x 5 cm
8 Faltpapiere in Gelb, 5 cm x 5 cm
Faltpapier in Lila, 7,5 cm x 7,5 cm
Faltpapier in Braun und Orange,
6 cm x 6 cm
Faltpapier in Gelb, 2 cm x 2 cm
Tonkarton, rot-weiß gestreift
Faltpapierrest in Grün und Weiß
Klebestift

1 **Reiße aus dem** grauen Papier einen Felsen aus und klebe ihn auf den Tonkarton. Schneide aus dem gestreiften Karton einen Streifen (12 cm x 5 cm) aus und klebe ihn als Leuchtturm auf den Felsen. Falte das braune Faltpapier diagonal in der Mitte und klebe das so entstandene Dreieck als Dach auf. Das kleine gelbe Papier klebst du als Leuchtfeuer unter das Dach.

2 **Falte Schiff und Fische** nach den Anleitungen auf Seite 5 und auf Seite 22.

3

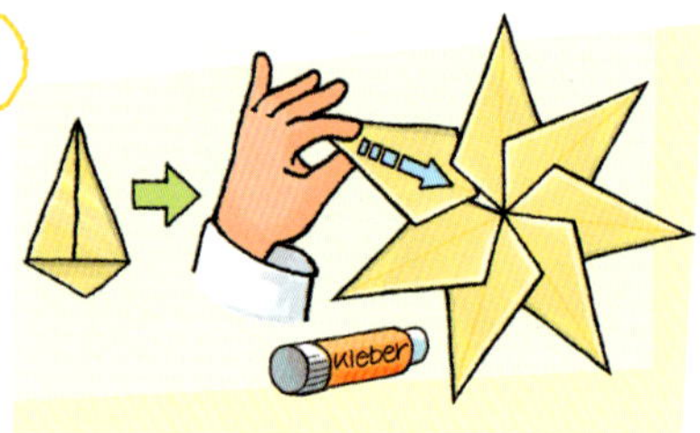

Die Sonne faltest du aus vielen Spitzen. Benutze hierzu das gelbe Faltpapier. Die Strahlen faltest du nach der Anleitung für die Kronenzacken auf Seite 34. Klebe dann die einzelnen Strahlen mit einem Klebestift zu einer runden Sonne zusammen.

4 **Halbiere für die Blüten** das quadratische Faltpapier diagonal Spitze auf Spitze. Die lange Seite liegt unten. Falte nun die rechte auf die linke Spitze, der Kniff rechts unten ist

der Mittelpunkt des Sterns. Halte mit einem Finger diesen Mittelpunkt fest und falte wieder Spitze auf Spitze. Jetzt kannst du mit der Schere entlang der Kniffe und an den offenen Kanten oben Muster einschneiden. Schneide noch aus dem grünen Papier 1 cm breite Streifen als Stängel aus und klebe sie auf.

5 **Die Wolken schneidest** du nach der Vorlage des Himmel-und-Hölle-Spiels auf dem Vorlagenbogen A aus.

6

Klebe alle Teile auf und schon hast du einen tollen Schmuck für die Kinderzimmerwand!

Wie geschickt bist du?

Die Perle muss in den Becher

Das brauchst du

- gemustertes Faltpapier, 30 cm x 30 cm und 20 cm x 20 cm
- 2 Holzperlen, ø 20 mm
- 2 Wollfäden, je 50 cm lang
- Prickelnadel

1
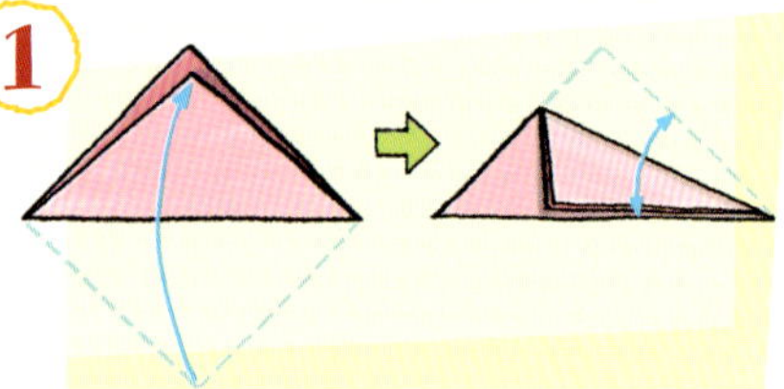

Falte das Papier zu einem Dreieck, indem du die untere Ecke auf die obere Ecke faltest.

Lege das Dreieck mit der langen Seite vor dich und falte die obere rechte Seite auf die untere Kante. Falte es wieder auf.

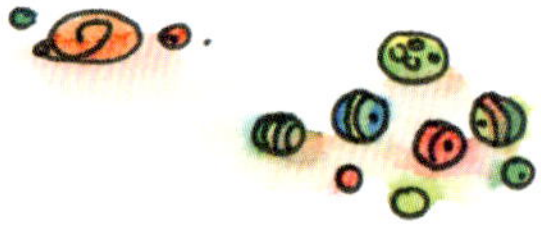

2
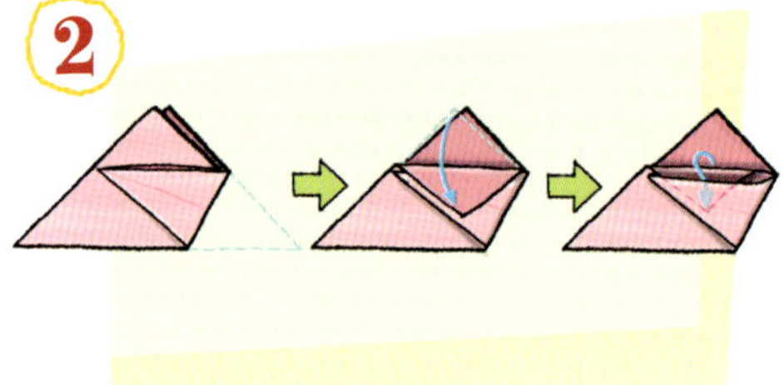

Knicke jetzt die rechte Spitze deines Dreiecks zum linken Rand. Die obere Papierlage des darüber entstandenen Dreiecks faltest du nach unten und steckst es zwischen die zwei Lagen der darunterliegenden Spitze. Drehe das Ganze um und knicke die andere Seite auf die gleiche Weise. Nun hast du einen Becher.

3
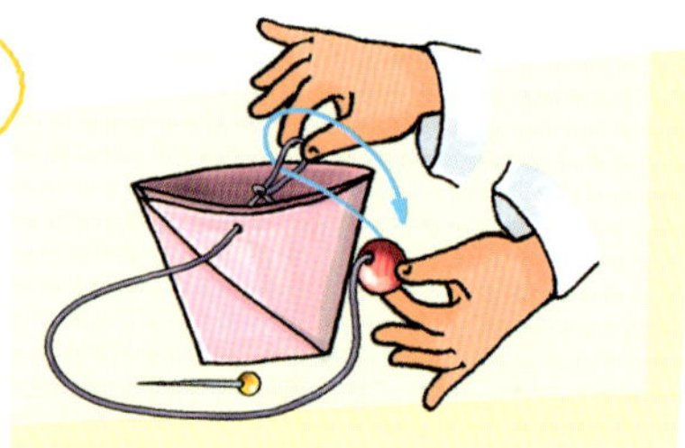

Bohre jetzt an einer Seite des Bechers mit der Prickelnadel ein Loch ins Papier und knote den Wollfaden fest. An das andere Fadenende knotest du die Holzperle.

Maustipp

zum Basteln und Spielen

★ Halte den Becher mit einer Hand fest, die andere Hand legst du auf deinen Rücken. Versuche nun mit Schwung die Perle im Becher landen zu lassen. Das ist gar nicht so einfach!

Die Autorin

Susanne Wicke wohnt mit ihrem Mann und ihren drei Kindern in der Nähe von Frankfurt am Main. Sie ist gelernte Schauwerbegestalterin und Werbekauffrau und immer kreativ tätig gewesen. Mit Papier arbeitet sie besonders gern, weil sich damit schnell und einfach Ideen umsetzen lassen. Frau Wicke liebt es, etwas „erschaffen" zu haben, das die Wohnung ziert oder ein Lächeln auf das Gesicht des Beschenkten zaubert.

Danke!

Vielen Dank an die Firmen Rayher und Ursus für ihre freundliche Bereitstellung von Material.

Unser Service für Sie

Wenn Sie Fragen zu den Anleitungen in diesem Buch haben, schreiben Sie einfach eine Mail an: info@dmv-kreativ.de. Wir helfen Ihnen gerne weiter.

Impressum

Modelle: Susanne Wicke

Fotos: frechverlag GmbH, 70499 Stuttgart; www.fotolia.de: S. 20 (BernardBreton), S. 28 (creative studio), S. 31 (ChantalS), S. 34 (Ramona Heim); lichtpunkt, Michael Ruder, Stuttgart

Illustrationen: Antje Hagemann

Schrittillustrationen: Ursula Schwab

Konzept: Angela Vornefeld und Carolin Eichenlaub

Produktmanagement: Carolin Eichenlaub und Angela Vornefeld

Lektorat: Andrea Essers und Carolin Eichenlaub

Layout: Petra Bachmann

Umsetzung Layout: Katrin Röhlig; Arnold & Domnick, Leipzig

Druck und Bindung: Finidr s.r.o., Tschechische Republik

1. Auflage 2012

www.topp-kreativ.de

ISBN 978-3-7724-5703-6

Best. Nr. 5703